BIOGRAPHIE

DES

HOMMES UTILES

IMPRIMERIE DE WALDER

Rue Bonaparte, 44

BIOGRAPHIE

DES

HOMMES UTILES

DE TOUS LES PAYS

Édition illustrée

A PARIS

ET DANS LES DÉPARTEMENTS

CHEZ TOUS LES LIBRAIRES

1853

BIOGRAPHIE

DES

HOMMES UTILES.

ALBRECHT THAER.

ALBRECHT THAER naquit à Celle, en Hanovre, le 14 mai 1752. Il se consacra à l'étude de l'agriculture. Après de nombreux voyages, pendant lesquels il acquit une très-forte instruction dans cet art si utile, il créa, sur son patrimoine, une école rurale destinée à l'instruction des classes pauvres. Cet établissement, d'une philanthropie raisonnée et sérieuse, rendit d'importants services. On doit à Albrecht Thaer un facile moyen de conservation de la pomme de terre et l'invention ou le perfectionnement d'un grand nombre d'outils aratoires. Son livre, intitulé : *Les Principes raisonnés de l'Agriculture*, est fort estimé des cultivateurs. Il mourut en 1820, âgé de soixante-huit ans.

ALCUIN ou ALWIN.

ALCUIN, écrivain, philosophe, théologien, astronome, historien et moraliste, naquit en 735, dans la province d'York, en Angleterre. Il vint en France en 787, où il initia aux sciences Charlemagne, qui n'entreprenait rien sans son avis. En 790, il institua, dans le palais de l'empereur, la première école publique qu'il y ait eu en France. Charlemagne lui donna, en récompense de ses services, les abbayes de Ferrières, de Saint-Loup, de Saint-Just et de Saint-Martin de Tours. C'est dans cette dernière qu'il se retira, en 800, pour y fonder une école dans laquelle on enseignait gratuitement la grammaire, les lettres latines et grecques, les mathématiques et l'astronomie.

Alcuin mourut le jour de la Pentecôte, 19 mai 804. Le plus fameux de ses écrits est sa *Confession de foi*, publiée en 1650, par le père Chifflet.

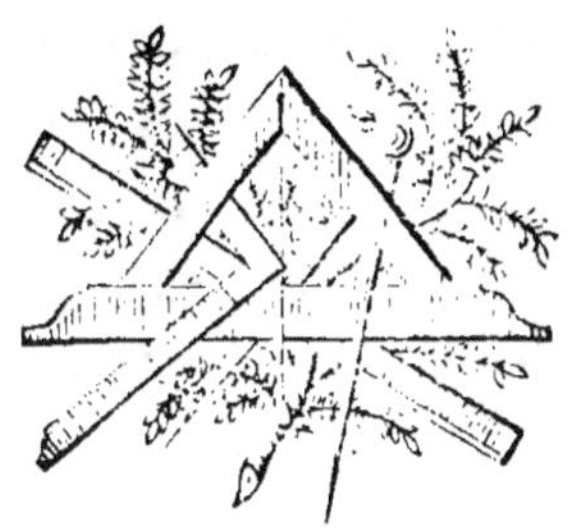

ARCHIMÈDE.

Archimède, le plus célèbre mathématicien de l'antiquité, naquit à Syracuse, 287 ans avant Jésus-Christ. Il inventa la vis creuse, dans laquelle l'eau monte par son propre poids, pour dessécher les marais formés par l'inondation du Nil; on lui doit la vis sans fin, la poulie mobile et le cric. Il mesura le diamètre du soleil et calcula très-approximativement le rapport de la circonférence au diamètre, qu'il représenta par $\frac{22}{7}$. C'est lui qui découvrit qu'un corps plongé dans un liquide perd de son poids une quantité égale au poids du volume de liquide qu'il déplace. On lui a attribué à tort l'invention du miroir ardent, qui était connu longtemps avant lui. Ce qui est vrai, c'est qu'il le perfectionna et en développa la puissance jusqu'à incendier la flotte des Romains au milieu du port de Syracuse. Il avait une telle idée de l'incalculable force du levier, qu'il répondit un jour au roi Hiéron : « Donnez-moi un point d'appui, et, avec un levier, je soulèverai le monde. » Il fut tué par un soldat qui ignorait qui il était, pendant le sac de Syracuse, tandis qu'il était occupé à la solution d'un problème de géométrie.

BANKS (JOSEPH).

Joseph Banks naquit à Londres, le 13 février 1343. Riche d'un patrimoine considérable, il se consacra dès sa jeunesse à des études sérieuses et variées. Il fit un premier voyage de trois ans autour du monde, duquel il rapporta la canne d'Otaïti, l'arbre à pain, le lin de la Nouvelle-Zélande, etc..., dont il introduisit des essais de culture en Angleterre. Banks entreprit un second voyage d'exploration en compagnie du capitaine Cook. L'île de Staffa, au pôle nord, conserve encore le souvenir de cet ardent philanthrope, qui, deux fois, la sauva de la famine en lui faisant parvenir des cargaisons de grain. Son influence protectrice s'étendait à tout ce qui touchait au domaine de la science. Il s'associa à toutes les mesures générales ou individuelles qui pouvaient secourir les voyageurs dans leurs périlleuses destinées, et fut comblé d'honneurs et de bénédictions. Il mourut au commencement de 1820, léguant au Musée britannique sa riche et curieuse bibliothèque.

BERNARD DE MENTHON.

BERNARD DE MENTHON, plus connu sous le nom de *saint Bernard des Alpes*, naquit en juin 923, au château de Menthon, près d'Annecy en Savoie. Une vocation irrésistible l'entraînant vers la carrière ecclésiastique, il résista même à la volonté de ses parents, qui voulaient lui faire contracter un riche mariage, et s'enfuit en Piémont, où il reçut les ordres. Au xe siècle, les tombeaux de saint Pierre et de saint Paul attiraient une foule considérable de pèlerins à Rome; mais des dangers presque inévitables arrêtaient et décimaient les pieux voyageurs au passage des Alpes du côté de la Savoie et de la Suisse; égarés dans des sentiers escarpés, couverts de neige et de glace, saisis par un froid invincible, ils tombaient loin de tout secours, engourdis et mourants, sur le bord des abîmes.

Bernard, désolé par le récit de ces catastrophes, que la voix publique grossissait encore, résolut de fonder au sommet des Alpes des établissements de secours destinés à sauver de la mort les hardis pèlerins et les voyageurs aventureux qui pénétraient chaque jour dans ces montagnes. Par ses soins, deux hospices s'élevèrent sur la cime des Alpes, et reçurent les noms de *Grand* et de *Petit-Saint-Bernard*, qu'ils ont conservés jusqu'à nos jours.

Pour desservir ces établissements, Bernard institua une congrégation de moines, sous la règle de saint Augustin, et en fut le premier supérieur. Ces bons religieux, occupés sans relâche des soins de toutes sortes que réclamaient les malheureux échappés aux rigueurs du froid et aux avalanches, partageaient leurs jours entre les pénibles travaux de l'hospice et de rudes explorations dans les ravins et les sentiers.

Ce fut une grande et sainte pensée que la création de ce monastère. C'était un spectacle vraiment admirable que l'accueil fraternel de ces âmes dévouées, dont les bras s'ouvraient, pour le pauvre mendiant comme pour le puissant chevalier, pour le juif et le schismatique comme pour le plus parfait orthodoxe.

Pour seconder ses compagnons dans leurs pénibles recherches, saint Bernard dressa des chiens de haute taille, appelés alors *chiens marrons*, et dont la race s'est perpétuée sous le nom de *chiens des Alpes*, ou, plus communément, *chiens du mont Saint-Bernard*. Ces utiles animaux, dressés avec une grande sollicitude, allaient seuls à la découverte ou accompagnaient les religieux dans leurs excursions. Découvrant avec un merveilleux instinct les traces du voyageur égaré, ces animaux appelaient à l'aide, par de longs aboiements, les moines qui, au risque de périr eux-mêmes, engloutis sous la neige, s'empressaient d'accourir.

Bernard avait épuisé, dans son œuvre d'humanité, toutes les ressources de son patrimoine. De riches donations, d'abondantes collectes vinrent successivement agrandir et améliorer le couvent.

Il mourut à Novare, le 28 mai 1008, âgé de quatre-vingt-cinq ans.

BERTHOLLET (Louis-Claude).

Berthollet naquit à Annecy, en Savoie, le 7 décembre 1748, de parents d'origine française. Il se livra d'abord à l'étude de la médecine. Poussé par cette soif ardente de la science qui presse tous les esprits d'élite, il vint à Paris, sans appuis, sans recommandations, guidé seulement par l'amour du travail et le désir sérieux de se rendre utile à ses semblables. Le célèbre Tronchin, qui devina son génie, lui facilita les premiers pas dans la carrière scientifique qu'il devait si glorieusement parcourir, lorsque, ayant abandonné la médecine, il se livra exclusivement à l'étude de la chimie végétale et industrielle.

Jusqu'à la fin du XVIIIe siècle on dépensait des sommes énormes pour le blanchiment des toiles, opération indispensable qui précède la coloration des tissus. Berthollet découvrit les propriétés décolorantes du chlore et les appliqua à l'art de la teinture. Cette heureuse découverte dota l'industrie d'une source inépuisable de revenus. Le savant chimiste ne voulut point exploiter son procédé dans un but de lucre personnel; guidé par la généreuse pensée d'en faire profiter tous les fabricants, il le livra à la publicité. En vain les Anglais, qui avaient devancé la France dans l'application

des principes démontrés par Berthollet, lui adressè-
rent-ils de magnifiques présents, en vain lui offrit-on
des intérêts dans les fabriques qui se fondèrent en
France, il n'accepta des uns et des autres que des
échantillons de toiles blanchies par la méthode dont il
avait enrichi l'industrie.

On doit encore à ce savant le principe de la filtra-
tion de l'eau par le charbon.

Berthollet mourut à l'âge de soixante-quatorze ans,
le 6 novembre 1822. L'illustre Cuvier prononça son
éloge funèbre à l'Académie.

BICHAT (MICHEL-FRANÇOIS-XAVIER.)

BICHAT, l'un des plus grands médecins des temps
modernes, né à Thoirette (Bresse), en 1771, eut pour
maître le célèbre Desault, qui le traita comme son
fils. La justesse et la profondeur de ses observations,
la sûreté et la précision de ses procédés opératoires,
lui acquirent bientôt une immense renommée. Ses
œuvres résument ou développent les idées neuves
qu'il professait dans ses cours. Dans ses *Recherches
physiologiques sur la vie et la mort*, il ouvrit une
mine scientifique qui, sondée chaque jour, ne s'épuise
jamais. Depuis deux ans il était médecin en chef à
l'Hôtel-Dieu, quand la mort le surprit, en 1802, au
milieu de ses rudes mais glorieux travaux. Il n'avait
encore que trente et un ans.

BOERHAAVE (HERMANN).

BOERHAAVE (Hermann), justement surnommé le *prince des médecins hollandais*, né près de Leyde en 1668, ne dut qu'à lui seul la science qui a immortalisé son nom. Il fut membre des Académies de Paris et de Londres. Ses ouvrages et ses opinions étaient de son temps l'oracle du monde médical. Les *Institutions* et les *Aphorismes* de Boërhaave firent surtout sa réputation. On prétend qu'à sa mort il laissa un gros livre qu'il avait annoncé contenir les plus grands secrets de la médecine : *il était en blanc depuis la première page jusqu'à la dernière ;* on lisait seulement sur le frontispice : *Tenez-vous la tête fraîche , les pieds chauds, le ventre libre, et moquez-vous des médecins.* Il joignait à la science la pratique de toutes les vertus. Boërhaave mourut en 1738.

BOULE (ANDRÉ-CHARLES).

Boule (André-Charles), architecte, peintre, mosaïste, ébéniste, graveur des sceaux royaux ; tels sont les titres que confère un brevet de pension donné à Boule par Louis XIV, qui de plus le logea au Louvre. La richesse et la grâce sont les caractères distinctifs du talent original de cet artiste, qui a laissé son nom attaché à une foule d'objets d'ameublement. Sous ce rapport, Boule ouvrit à son pays une source nouvelle de produits industriels, d'échanges sans concurrence, qui alimentent encore aujourd'hui plusieurs branches importantes de notre commerce. Boule, né à Paris en 1642, est mort en 1732, laissant un nom célèbre, surtout dans l'ébénisterie et l'art du modeleur en pendules.

BOURGELAT (CLAUDE).

BOURGELAT (Claude), né à Lyon, le **27** mars **1712**, après de sérieuses études en jurisprudence, exerçait avec succès la profession d'avocat, lorsqu'il s'en détacha tout à coup à la suite d'une circonstance tellement honorable pour son caractère que nous nous empressons d'en consigner ici le trop rare exemple. Il venait de gagner une cause importante, lorsque le hasard lui apprend que sa religion a été surprise, et que son triomphe est un odieux outrage à la vérité. Aussitôt il court au parlement, et, dans un mouvement d'énergique indignation, il demande l'annulation de l'arrêt. Mais, conformément aux axiomes fondamentaux du droit, la justice ne peut se déjuger, et on ne donna pas suite à la réclamation de Bourgelat. C'est alors que, déchirant sa toge, foulant aux pieds ses insignes d'avocat, il renonça à la carrière du barreau. Ce fait, jugé un peu légèrement par quelques biographes, donna matière à des *philippiques* contre la justice. Cependant il est facile de comprendre que, sans ce principe de l'incontestabilité de la chose jugée, les procès seraient interminables et donneraient lieu chaque jour à des scandales désastreux pour l'ordre et la morale. Nous avons une haute estime pour le caractère de Bourgelat, mais nous devons dire toutefois que si lui, avocat instruit et intègre, remplissant le rôle de confesseur auprès de la partie plaidante, s'était assez grossièrement trompé pour ne pas distinguer le vrai du faux, il n'y a rien d'étonnant à ce que le parlement, déjà influencé par la réputation d'intégrité de Bourgelat, ait été induit en erreur. Nous devons ajouter d'ailleurs que les juges, usant des formes légales qui ont été multipliées dans ce but, réformèrent leur premier jugement.

Retournant d'un seul bond vers les goûts de sa jeunesse, Bourgelat consacra désormais son temps et son intelligence à la science du vétérinaire, et particulièrement à l'hippiatrique.

Ses premiers ouvrages l'annoncèrent comme le réformateur des vicieuses doctrines admises jusque-là, non-seulement en ce qui touche la médecine propre à la race chevaline, mais encore à tout ce qui regarde les soins que réclament les animaux domestiques employés aux exploitations rurales. L'idée mère que renferme son livre de l'*Anatomie comparée du cheval, du bœuf et du mouton*, fournit par la suite à Cuvier le germe de sa théorie des fossiles, théorie développée dans son Discours sur les révolutions du globe.

Mais son plus beau titre à la reconnaissance publique est la création des écoles vétérinaires. Bourgelat hypothéqua sa fortune pour fonder les écoles de Lyon et d'Alfort, qui n'ont cessé depuis lors de rendre les plus éminents services à l'économie rurale. L'école de Toulouse, instituée en 1825, pour la race bovine est due aux idées émises par Bourgelat.

Bourgelat finit son utile carrière le 3 janvier 1779. Son buste, placé dans les amphithéâtres de Lyon et d'Alfort, fut la seule dépense publique faite en son honneur.

BRÉGUET (Abraham-Louis).

Bréguet (Abraham-Louis), horloger célèbre, né à Neufchâtel (Suisse) en 1747, s'est illustré par une foule d'inventions utiles, telles que les échappements, les chronomètres de poche et de marine, le thermomètre métallique, les ressorts-timbres, les cadratures de répétitions, le parachute régulateur, etc., etc. Enfin il perfectionna les montres perpétuelles, inventées en 1650, mais qui étaient trop sujettes à des dérangements de mécanisme.

Bréguet, qui s'était fixé à Paris, est mort en 1823, membre de l'Institut et du Bureau des longitudes.

BRINDLEY (Jacques).

Jacques Brindley, mécanicien anglais, né en 1716, mort en 1772, ne dut qu'à son génie la haute renommée que lui acquirent ses travaux. Il inventa le moyen de construire des digues sans mortier, ce qui rend la force plus considérable contre la mer, et il enrichit son pays de plusieurs canaux qui sont regardés comme des chefs-d'œuvre; on cite surtout le canal de Bridgewater.

BROUSSONET (PIERRE-MARIE-AUGUSTE).

Broussonet, naturaliste distingué, né en 1761, fournit une carrière utile et laborieuse. Il fut suppléant de Daubenton au collége de France et son adjoint à l'école vétérinaire. Proscrit pendant la révolution, après avoir été membre de l'Assemblée législative, il visita l'Espagne, le Portugal et le Maroc, utilisant ses voyages par l'étude des sciences naturelles. Il est le premier qui ait appliqué à la zoologie le système des nomenclatures. Rentré en France, après quelques années d'exil, il s'occupa beaucoup d'agriculture et publia des ouvrages et mémoires remarquables sur cette matière. Il fut, avec Parmentier et Dubois, l'un des fondateurs du journal intitulé la *Feuille des cultivateurs*, qui a popularisé les notions de l'art agricole. Les méthodes enseignées par Broussonet rendirent de grands services par leur clarté et leur simplicité. C'est à lui qu'on doit le premier établissement en France d'un troupeau de moutons mérinos et de chèvres d'Aragon, et l'introduction, dans nos contrées méridionales, du mûrier à papier qui porte son nom.

Il fut membre de l'Institut et mourut à Montpellier en 1807.

CHAPTAL (JEAN-ANTOINE).

CHAPTAL, né le 5 juin 1756 à Nozaret (Lozère), étudia d'abord la médecine à Montpellier et y acquit une si haute réputation de science, que les états du Languedoc créèrent pour lui, dans cette ville, une chaire de chimie en 1782. Il composa, le premier, l'alun artificiel et donna des principes faciles et sûrs pour la fabrication de l'acide sulfurique. On lui doit également la découverte du procédé au moyen duquel on teint le coton en rouge d'Andrinople. Sous la république, il dirigea, de concert avec Monge et Berthollet, les grands travaux d'armement en poudres et projectiles de guerre que réclama le salut de la patrie. En 1797, il réorganisa l'école de médecine de Montpellier. Membre de l'Institut en 1798, il fut nommé conseiller d'État après le 18 brumaire, puis ministre de l'intérieur. Il conserva son portefeuille jusqu'en 1804, époque à laquelle il devint trésorier du Sénat. Malgré ses fonctions administratives, Chaptal n'abandonna jamais ses études scientifiques. C'est lui qui comprit, protégea et même pratiqua avec succès l'heureuse idée de la fabrication du sucre indigène tiré de la betterave. S'il ne fut point le créateur d'aucune découverte de premier ordre, du moins ses écrits, ses actes et ses leçons contribuèrentils puissamment aux progrès de toutes les sciences utiles. Chaptal avait un noble cœur : il se dépouilla d'une fortune glorieusement acquise pour acquitter des dettes qui n'étaient pas les siennes, et mourut le 30 juillet 1832, regretté des savants dont il était l'ami et le protecteur.

COLBERT (JEAN-BAPTISTE).

COLBERT, ministre secrétaire d'État sous Louis XIV, né à Reims en 1619, et mort à Paris en 1683. On lui doit l'établissement des académies des inscriptions, des sciences et d'architecture. Non content d'avoir rétabli les finances et encouragé tous les arts, il porta ses vues sur la justice, sur la police, sur le commerce, sur la marine. Les compagnies des Indes furent formées pour la prospérité du commerce ; le canal du Languedoc fut entrepris pour la communication des deux mers ; un grand nombre de vaisseaux furent construits en peu de temps ; des arsenaux bâtis dans plusieurs ports ; les draps fins, les étoffes de soie, les glaces de miroir, l'acier, le fer-blanc, la belle faïence, le cuir maroquiné, que l'on tirait de l'étranger, furent fabriqués dans le royaume : chaque année, son ministère fut marqué par l'établissement de nouvelles manufactures.

COLOMB (CHRISTOPHE).

CHRISTOPHE COLOMB, navigateur célèbre auquel on doit la découverte de l'Amérique, naquit en 1442, dans l'État de Gênes. Il était fils d'un tisserand, mais, livré de bonne heure à des études sérieuses, il se convainquit, par ses calculs, qu'un continent devait exister entre l'Europe et l'Asie. Les gouvernements de Gênes et de Portugal, auxquels il s'adressa successivement pour obtenir une flotte, le traitèrent d'insensé et le repoussèrent avec des refus humiliants. Il se rendit alors en Espagne où, après de longues sollicitations, il obtint, grâce à un moine son ami, de la reine Isabelle trois vaisseaux sur lesquels il partit de Palos (Andalousie) le 3 août 1492. Dans cette première expédition, troublée par les séditions des matelots, incapables de le comprendre, il découvre San Salvador, les Lucayes, Haïti et Cuba.

Ce premier succès, en lui créant des envieux, disposa pourtant Isabelle en sa faveur, et Colomb, en 1493, nommé vice-roi des pays dont il avait doté l'Espagne, repartit avec dix-sept bâtiments pour de nouvelles conquêtes. Divers établissements, qu'il fonda dans les petites Antilles et à Saint-Domingue, furent le fruit de cette seconde entreprise. La troisième, moins heureuse à son début, puisqu'il fut quatre ans retenu prisonnier par Bovadilla, agent de ses indignes ennemis ; la troisième, dès qu'il eut recouvré la liberté, amena la découverte du continent américain, dont la partie qu'il aborda s'appelle aujourd'hui *Colombie*. Malgré tant de précieuses découvertes, Colomb, de retour en Espagne, ne trouva près du roi Ferdinand que froideur et ingratitude. Le chagrin qu'il en conçut abrégea son existence, qui se termina en 1506.

Le nom d'*Amérique* donné au nouveau monde, nom dérivé de celui d'Amerigo Vespucci, autre navigateur célèbre, est un larcin fait à Christophe Colomb, qui le premier a réellement abordé la terre américaine.

COOK (JACQUES).

JACQUES COOK était fils d'un pauvre paysan du comté d'York. Il naquit le 27 octobre 1728. Il passa par tous les grades de la marine avant de devenir capitaine, et se fit continuellement distinguer par son intelligence et son ardeur au travail. Bientôt la confiance du gouvernement anglais l'appela au commandement de l'expédition de savants chargés d'observer dans la mer Pacifique le passage de Vénus sur le disque du soleil. Après une absence de trois ans, pendant lesquels il détermina la figure exacte de la Nouvelle-Zélande et découvrit le canal qui la partage en deux îles, Cook, de retour à Londres, se vit entouré des plus glorieuses sympathies. Désigné bientôt pour une nouvelle expédition, dont l'objet était la solution du grand problème des terres australes, il repartit en 1772, explora le grand Océan, les îles de la Société, des Amis et de Sandwich, reconnut l'archipel du Saint-Esprit et découvrit la Nouvelle-Calédonie. L'enthousiasme public

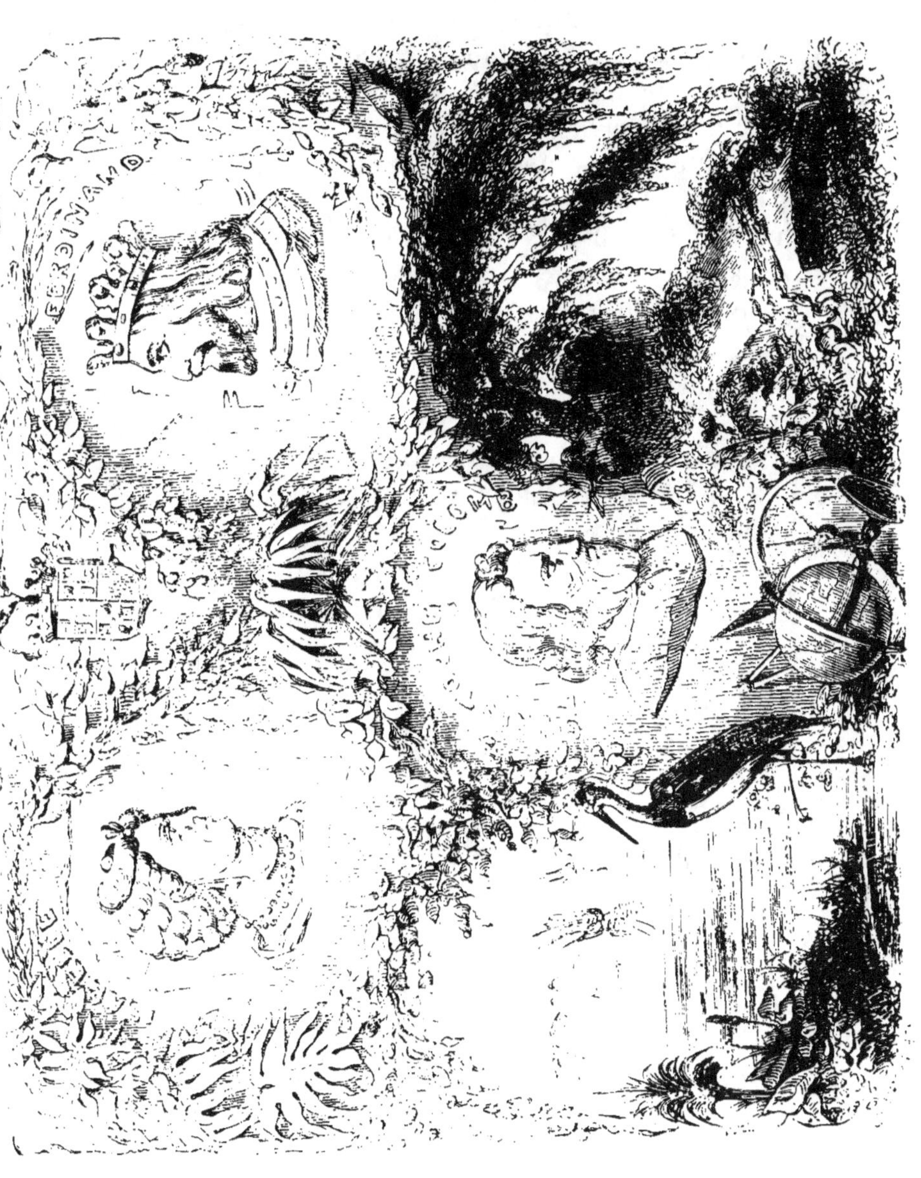

l'accueillit à son entrée dans Portsmouth en 1775, et la Société royale de Londres l'admit à l'unanimité parmi ses membres.

Après tant et de si rudes travaux, Cook aurait pu sans doute goûter un repos légitime ; mais l'activité de son esprit ne connaissait pas de loisirs autres que ceux de laborieuses recherches qui pouvaient ouvrir à son pays de nouvelles sources de richesses. En 1776, il réclama et obtint de diriger encore l'expédition chargée de chercher au nord-ouest le fameux passage, objet de tant de fables depuis deux siècles. Vainement se risqua-t-il, au milieu des glaçons flottants, jusqu'au 71e degré de latitude ; d'immenses montagnes de glace l'obligèrent à rétrograder. La pensée lui vint d'attendre sous un ciel plus clément le retour des chaudes journées qui devaient lui livrer le passage. Retournant donc sur ses pas, il vint relâcher à l'île Owhihee, dont les naturels l'avaient une première fois accueilli sans trop de difficultés. Mais le sentiment civilisateur de la propriété n'avait pas pénétré chez ces peuplades sauvages. Fatigué des nombreux larcins commis par les insulaires, Cook voulut déployer des mesures de rigueur : il fut accablé par la multitude, et, frappé d'un coup de poignard dans le dos, il tomba sur le rivage, où son corps fut à l'instant déchiré en lambeaux.

Aucun marin n'a fait d'aussi nombreuses découvertes et ne s'est acquis peut-être autant de célébrité. Si l'on excepte la mer d'Amour et l'Archipel japonais qui ne sont pas bien connus des Européens, on peut dire que Cook a complété la topographie du globe.

COPERNIC (NICOLAS).

NICOLAS COPERNIC, astronome, naquit à Thorn (Pologne) en 1473. Son système, aujourd'hui généralement adopté, est peut-être bien une réminiscence, un développement des idées des anciens philosophes grecs, particulièrement de celles émises au VIe siècle avant J. C. par Pythagore ; mais on doit reconnaître que de son temps tout était confusion en astronomie, et qu'il eut le double mérite de ramener les principes de cette science à des bases fixes et de les réunir en un corps de doctrine aussi complet que logique. Les découvertes successives de Képler, de Newton, sont venues confirmer intégralement le système planétaire de Copernic, qui est celui-ci :

Le soleil est au centre ; les planètes décrivent autour de lui des orbites plus ou moins étendues, selon leurs distances relatives ; la terre est une de ces planètes ; elle a deux mouvements de rotation, l'un diurne sur son axe, l'autre annuel autour du soleil ; la lune n'est que son satellite ; les étoiles sont situées à des intervalles incalculables ; enfin l'inclinaison de la terre sur le plan de l'écliptique est la raison du retour périodique des saisons.

Copernic ouvrit le champ à la plupart de nos sciences exactes, et les observations astronomiques qui dérivèrent de sa théorie donnèrent à la navigation des bases solides et une nouvelle impulsion.

Le jour même de sa mort, et seulement quelques heures avant qu'il rendit le dernier soupir, Rheticus, son disciple, lui envoyait de Nuremberg le premier exemplaire de son livre : *De orbium cœlestium Revolutionibus*. On le lui mit dans les mains : il le toucha, le vit et expira, le 24 mai 1543, à soixante-dix ans.

CRAPONNE (Adam de).

CRAPONNE (Adam de), ingénieur, naquit, vers 1521, à Salon en Provence. Le plus important de ses ouvrages est le canal qui amène les eaux de la Durance jusqu'à l'étang de Berre, et qui a conservé le nom de son créateur. En reconnaissance de ce travail une médaille fut frappée en l'honneur de Craponne, avec cette inscription : « Dix-huit communes des Bouches-du-Rhône « lui doivent la fertilité de leur sol. »

CUVIER (GEORGES).

GEORGES CUVIER, surnommé l'Aristote du XIXᵉ siècle, naquit à Montbéliard (Doubs) le 20 août 1769, la même année que Napoléon Iᵉʳ, Humboldt, Chateaubriand et Walter Scott.

Dès son enfance, Cuvier montra la plus grande ardeur pour l'étude; sa mémoire était prodigieuse. A quinze ans, il entra à l'Académie de Stuttgard, où il apprit l'histoire naturelle, la physique, la médecine et le droit. Il vint à Paris en 1791 et y acquit bientôt une grande réputation. Il fut successivement inspecteur des études, conseiller et enfin chancelier de l'université en 1808. Il fut nommé maître des requêtes en 1813, conseiller d'État à la première Restauration (1814), et pair de France en 1831.

Les bornes de cet ouvrage ne nous permettent pas d'énumérer en détail les travaux scientifiques qui ont placé Cuvier au premier rang parmi les naturalistes. Bornons-nous à constater que l'anatomie et la géologie lui doivent une vie inconnue avant lui. La netteté de ses aperçus, la précision de ses classifications ont donné à ces deux branches des sciences naturelles une impulsion de la plus haute importance. A force de recherches et de persévérance, Cuvier créa en quelque sorte une science nouvelle, la *paléonthologie*, reconstruisant, avec une méthode sûre, et jusqu'ici incontestée, des espèces d'animaux et de végétaux depuis longtemps disparus de la surface du globe, et dont les rares débris ne se trouvent plus que dans les entrailles de la terre.

Cuvier est mort le 13 mai 1832, laissant dans les sciences une renommée impérissable.

DARCET (JEAN).

DARCET (Jean), né à Douazit (Landes), le 7 septembre 1725, était d'origine irlandaise. Pour se livrer entièrement à son goût, qui le portait vers les sciences physiques et l'histoire naturelle, Darcet, bien jeune encore, n'hésita pas à sacrifier ses droits à l'héritage paternel. Admis dans l'intimité de Montesquieu, il reçut son dernier soupir, et sut courageusement faire respecter les derniers vœux de l'illustre auteur de l'*Esprit des lois*.

D'heureux hasards favorisèrent son avancement rapide. Son caractère complaisant, affable, désintéressé, le faisait rechercher, non moins que l'étendue de ses connaissances et la portée de son esprit. En chimie on lui doit d'utiles découvertes sur le sel de soude, la fabrication des savons et l'extraction de la gélatine contenue dans les os. Darcet mourut en 1801; il avait longtemps dirigé la manufacture de Sèvres et inspecté les travaux de teinture de la tapisserie des Gobelins.

Il était membre de l'Académie des sciences et sénateur.

DAVY (HUMPHRY).

Davy (Humphry), né à Penzance, en Angleterre, le 17 décembre 1778, doit surtout sa réputation européenne à l'invention de la *lampe de sûreté*, espèce de lanterne dont la lumière est entourée d'une double toile métallique, et surmontée d'une spirale en platine, qui devient lumineuse au moment où la lampe s'éteint. Grâce à cet appareil ingénieux et simple, des milliers de mineurs ont échappé à la mort qu'ils auraient pu recevoir de l'explosion de la *mofette* ou gaz hydrogène carboné qui se dégage dans les houillères.

Davy a découvert le protoxyde d'azote, la nature réelle et essentielle du chlore, le *sodium* et le *potassium*; c'est lui qui a le premier constaté l'absence de l'oxygène dans les acides, etc. Il mourut à cinquante et un ans, le 29 mai 1829, usé par le travail.

DESCARTES (RENÉ).

René Descartes, mathématicien, physicien et philosophe, a rendu d'immenses services dans l'ordre intellectuel en traitant un grand nombre de sujets avec un rare talent.

Voué par sa naissance à la profession des armes, il servit, comme volontaire et à ses frais sous le célèbre Maurice de Nassau. Mais, étranger à la gloire militaire, Descartes, que plusieurs années de service et de voyages n'avaient pas détourné de ses études, rentra dans sa patrie, puis se retira en Hollande.

De tous les géomètres du XVIIe siècle, Descartes est celui dont l'influence a le plus agi sur le développement des applications de l'analyse mathématique. Son invention de l'application de l'algèbre à la géométrie (*géométrie analytique*) et à la physique ouvrit la voie nouvelle où Huygens, Newton et Leibnitz le suivirent avec tant de gloire. Sa fameuse règle des signes est la base des méthodes employées pour la solution des équations de premier degré. C'est lui qui, le premier, publia la véritable loi de la réfraction de la lumière, et donna l'explication de l'arc-en-ciel.

La théorie des *tourbillons*, par laquelle Descartes prétendit expliquer les phénomènes physiques, a été l'objet des critiques les plus amères, et n'est, en réalité, que le produit d'une imagination fantastique et oublieuse des principes posés par l'auteur lui-même dans son excellent *Discours sur la Méthode*.

Comme métaphysicien, il a des droits incontestables à la reconnaissance des hommes, pour avoir contribué puissamment à briser le joug qui, depuis si longtemps, comprimait la pensée humaine. Ses divers ouvrages embrassent la généralité des sciences métaphysiques et mathématiques : c'est dire assez sous combien de rapports ils ont dû être utiles.

Descartes est mort à Stockholm, le 11 février 1650.

Ses restes, transportés de Suède en France, déposés à Sainte-Geneviève, puis au Musée des Augustins, reposent enfin à Saint-Étienne-du-Mont à Paris.

DROUOT (LOUIS-ANTOINE).

DROUOT (Louis-Antoine), né à Nancy, le 11 janvier 1774, sortit en 1793 de l'école d'artillerie pour prendre rang dans cette pépinière de guerriers illustres qui, pour leur coup d'essai, vainquirent l'Europe coalisée.

Nancy doit au général Drouot un grand nombre d'établissements d'utilité publique, asiles pour l'enfance, institutions contre la misère, retraites pour les vieillards, etc.

Le nom de Drouot brille avec éclat dans tous les bulletins de nos armées, depuis la victoire de Fleurus jusqu'au désastre de Waterloo. En 1815, Drouot se livra lui-même au conseil de guerre établi par la Restauration pour juger les généraux de l'Empire; mais il fut acquitté. On lui offrit même, peu de temps après, des pensions et des titres qu'il refusa.

Épuisé par les fatigues des camps et la vieillesse, le général Drouot est mort il y a peu de temps.

ELZEVIR ou ELZEVIER.

ELZEVIR ou ELZEVIER est le nom d'une famille d'imprimeurs célèbres établis à Amsterdam et à Leyde sur la fin du XVIe siècle, qui ont puissamment contribué aux progrès de la typographie par la pureté des éditions. Louis d'Amsterdam, cousin des Elzevir, est le premier qui, vers 1684, ait établi la distinction entre le *v* et l'*u*.

ÉPÉE (CHARLES-MICHEL DE L'.

Dès le XIVe siècle on avait essayé de donner aux sourds-muets quelques éléments d'instruction à l'aide des combinaisons infinies que les mouvements des doigts peuvent produire; mais cette généreuse idée languit incomplète pendant plus de deux cents ans.

Esprit méthodique autant qu'ingénieux, l'abbé de l'Epée recueillit les signes connus, en ajouta de nouveaux, établit entre eux des rapports simples et réguliers, et fonda sur des bases solides l'art de comprendre et d'être compris des malheureux sourds-muets.

Las de sollicitations vaines auprès du gouvernement, l'abbé de l'Épée trouva dans sa persévérance et sa noble charité les moyens de créer l'École spéciale des Sourds-Muets. Tout son bien fut employé au soulagement de ses élèves. Il ne se pardonna jamais d'avoir, pendant un hiver rigoureux, augmenté ses dépenses personnelles de cent écus, dont, disait-il, il avait fait tort à ses enfants.

L'abbé de l'Épée, né à Versailles en 1712, mourut en 1789. L'abbé Girard, qui lui succéda dans la direction de son école, l'agrandit et en augmenta les ressources.

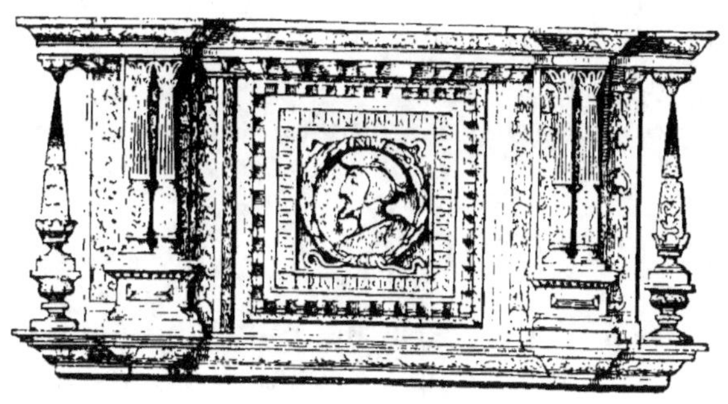

FÉNELON (FRANÇOIS DE SALIGNAC DE LAMOTTE).

FÉNELON naquit le 16 août 1651, dans la province du Querey. Son immense savoir et ses vertus le firent choisir par Louis XIV pour être le précepteur de ses enfants. C'est pour accomplir dignement cette mission que Fénelon composa son Télémaque, livre remarquable au point de vue de l'art, et dans lequel toutes les grandes questions qui touchent au bonheur de l'humanité sont présentées avec une admirable justesse. Il composa aussi des fables qui contiennent de sages leçons. Quand il eut terminé son œuvre d'instituteur, Fénelon se retira à Cambrai, dont il était archevêque. L'excellent prélat a laissé dans cette ville de glorieux souvenirs par son inépuisable charité. Il parcourait les campagnes, allant visiter les malades et les pauvres, et répandant partout des bienfaits. Jamais un malheureux n'eut en vain recours à sa bienfaisance. Sa parole était aussi douce que persuasive; son style est toujours noble et élégant.

Fénelon est un des hommes les plus parfaitement doués des vertus chrétiennes dont on puisse offrir le modèle à l'humanité. Il pratiqua sérieusement cette maxime, qu'il répétait souvent :

« J'aime mieux ma famille que moi-même; j'aime

« mieux ma patrie que ma famille ; mais j'aime mieux
« le genre humain que ma patrie. »
Fénelon mourut le 7 janvier 1715.

FOURCROY (Antoine-François de).

Fourcroy (Antoine-François de), né à Paris en 1755,
fut successivement député à la Convention, membre
du conseil des Cinq-Cents, conseiller d'État en 1799,
puis directeur général de l'instruction publique. Il
s'était d'abord adonné à l'étude de la médecine, mais
par la suite il se consacra à la chimie. Il travailla avec
Monge à la fondation de l'École polytechnique, et or-
ganisa les écoles de médecine de Paris et de Strasbourg. On lui doit la découverte de plusieurs compo-
sés détonants par la percussion et des procédés rela-
tifs à l'analyse des eaux sulfureuses.

Il est mort en 1809, laissant inachevés plusieurs
projets d'utilité publique.

FRANKLIN (BENJAMIN).

FRANKLIN naquit à Boston, le 17 janvier 1706, de parents très-pauvres : il était le dernier de sept enfants. Il montra, dès son enfance, un goût ardent pour l'étude, consacrant le peu d'argent dont il pouvait disposer à acheter des livres, et faisant de la lecture son délassement favori. Son père le plaça comme apprenti chez James Franklin, l'un de ses fils, qui était imprimeur. Franklin travaillait pour s'instruire la nuit et le matin, avant l'heure de l'atelier, ne voulant pas que ses travaux particuliers pussent nuire à l'accomplissement de ses devoirs comme ouvrier. C'est ainsi qu'il acquit, sans maîtres, une instruction très-étendue. En 1720, il se distingua par des articles publiés dans une gazette que James Franklin avait fondée. Peu après il quitta son frère et se rendit à Philadelphie, où il arriva avec un seul dollar pour toute fortune. Mais il était habile dans son état d'imprimeur, et il trouva à se placer chez un nommé Keimas. Franklin resta peu de temps à Philadelphie ; l'espoir de mieux réussir sur un plus grand théâtre le décida à partir pour Londres. En 1726, ayant économisé une somme assez ronde, il revint à Philadelphie et s'associa avec Méridith pour monter une imprimerie, et c'est de ce moment qu'il commença à prospérer. Il employa les loisirs que lui donna l'aisance à étudier les questions qui pouvaient intéresser le bonheur de ses concitoyens. Il imagina, le premier, le plan d'une bibliothèque publique, et commença, en 1731, la publication connue sous le nom de l'*Almanach du Bonhomme Richard*, modèle de tous les ouvrages de ce genre, où l'on trouve les plus sages préceptes de morale et d'économie domestique. Le but de Franklin a été de démontrer et de rendre sensible pour toutes les classes cette vérité, qu'avec une longue assiduité et une sérieuse économie, un homme intelligent et laborieux peut et doit arriver à la fortune. Sa vie en est une preuve.

Ses travaux et ses fondations utiles avaient popularisé le nom de Franklin; en 1736 il fut nommé secrétaire de l'assemblée générale de Pensylvanie. Il profita de l'influence que lui donnait cette position pour enrichir Philadelphie de nouvelles créations : une compagnie contre les incendies, une milice nationale, une académie, un collége, un hôpital. En 1766, il fut député par les colonies anglaises pour soutenir leurs droits à Londres. Quand la guerre de l'indépendance éclata, Franklin, qui était membre du congrès américain, fut envoyé en France, en 1778, pour y solliciter des secours. Il revint à Philadelphie en 1785 et y fut accueilli avec un vif enthousiasme. C'est pendant son séjour en France que Franklin inventa le paratonnerre. Il mourut le 17 avril 1790.

GALILÉE.

GALILÉE (en italien on le nomme *Galileo Galilei*), physicien, astronome, mathématicien, né à Pise en 1564, passe à bon droit pour le père de la philosophie expérimentale. Il découvrit les lois de la pesanteur et du mouvement, inventa le pendule, la balance hydro-statique, le compas de proportion et le microscope. A l'aide d'un télescope, qu'il construisit sur quelques données incertaines, Galilée, portant aux cieux son regard pénétrant, démontra que la terre tourne, et confirma la théorie de Copernic.

Galilée mourut le 9 janvier 1642, l'année même de la naissance de Newton.

GALL (FRANÇOIS-JOSEPH).

GALL (François-Joseph), médecin, physiologiste, né à Tiefenbrunn (Souabe) en 1758, fondateur de la phrénologie. L'utilité pour la médecine et la chirurgie que présente la théorie de la structure et des fonctions du cerveau, l'immensité du champ ouvert aux combi-naisons que l'avenir peut tirer de cette découverte dans l'intérêt de l'humanité, nous ont déterminé à placer parmi les hommes utiles le savant dont les laborieuses recherches n'ont pas, à beaucoup d'égards, mérité les répulsions dont elles furent l'objet. Après de longs voyages consacrés à compléter son œuvre, Gall vint enfin se fixer à Paris, et ouvrit à l'Athénée des cours publics qui ont singulièrement popularisé sa doctrine. Depuis 1819, il s'était fait naturaliser Français, et vivait retiré à Montrouge quand la mort l'enleva en 1828. Il avait soixante-dix ans.

GALVANI (LOUIS).

GALVANI (Louis), médecin et physicien célèbre, naquit à Bologne en 1737. Il fut nommé, en 1762, professeur d'anatomie à l'Institut des sciences de sa ville natale. On lui doit la découverte des principes de l'électricité animale, appelée, de son nom, *galvanisme*. Galvani assimilait chaque fibre à une bouteille de Leyde, dont les nerfs étaient les conducteurs. L'électricité, appliquée à la médecine, a produit des résultats remarquables, mais qui ne sont pas encore classés par la science d'une manière positive. Galvani mourut en 1798.

GOFFIN (HUBERT).

GOFFIN (Hubert) et Mathieu Goffin, son fils, « ont
« appris au monde que la science, la richesse et le
« pouvoir ne sont pas les seuls moyens de servir l'hu-
« manité. » Le 28 février 1811, la mine de houille de
Beaujonc (près de Liége), où travaillait Hubert, père de
sept enfants, est subitement envahie par les eaux. Cent
vingt-six ouvriers, renfermés avec lui, vont périr si la
terreur les paralyse. Mais Goffin est là; il les rassure,
les encourage, menace les mutins, relève les plus fai-
bles, et son fils, un cœur d'homme dans un corps de
douze ans, par son exemple, ses paroles d'énergique
dévouement, ranime et soutient cette foule que le péril
hébète. Cinq jours et cinq nuits s'écoulent dans les
tortures de la faim et les approches de la mort. Goffin
n'espère plus qu'en Dieu, quand tout à coup la mine
cède aux efforts de leurs amis, acharnés à leur déli-
vrance, et soixante-dix mineurs sont enfin rendus à
leurs familles désolées. Hubert et Mathieu avaient fait
vœu de ne sortir que les derniers. Que l'histoire con-
sacre à jamais le souvenir de cet invincible courage!

Placé par ordre de Napoléon au lycée de Liége, le
jeune Mathieu mourut en 1815. Six ans après, son
brave père fut tué par un éclat de mine.

GUTENBERG (JEAN).

GUTENBERG (JEAN *Gennss Fleisch de Sulgeloch*, dit), né à Mayence vers 1405, créateur de l'imprimerie, fit ses premiers essais en 1438, à Strasbourg. Aidé de Fust, orfévre, qui avança les fonds nécessaires, et de Schœffer, qui perfectionna les caractères en fonte, il imprima d'abord une Bible en latin. Avant Gutenberg d'autres avaient déjà gravé sur des planches compactes les mots, les phrases, les pages des espèces de livres qu'ils voulaient publier. Gutenberg eut l'honneur d'imaginer les types mobiles, heureuse conception qui devait enfanter les chefs-d'œuvre des Estienne, des Elzevir, et fournir à la pensée un si puissant auxiliaire. Mais poursuivi, condamné, Gutenberg, fuyant la prison, douta peut-être lui-même de l'utilité de sa découverte et dut au moins se livrer à d'amères réflexions. On croit qu'il mourut à Mayence au commencement de 1468.

GUYTON DE MORVEAU (LOUIS-BERNARD).

GUYTON DE MORVEAU naquit à Dijon en 1737. Il fut avocat général au parlement de sa ville natale, mais il abandonna la carrière de la magistrature pour se livrer à l'étude des sciences, et spécialement à celle de la chimie. Il découvrit le moyen de désinfecter les hôpitaux et les prisons au moyen de fumigations de chlore. Il fut nommé, en 1791, député à l'Assemblée législative, et en 1792 à la Convention. En 1795, il contribua puissamment à la fondation de l'École polytechnique. Il fut, sous l'Empire, administrateur de la Monnaie. Il mourut en 1816.

et la lumière
fut.
GUTENBERG

HARRISON (Jean).

Harrison (Jean), habile mécanicien anglais, célèbre par l'invention du garde-temps (montre marine), dont l'objet est de préciser la longitude en mer ; il reçut, en 1795, pour cette dernière invention, la récompense de 20,000 livres sterling, qui avait été instituée par la reine Anne pour la meilleure découverte qui serait faite sur cette matière. Il naquit en 1693 et mourut en 1776.

HAÜY.

Haüy (Valentin), né à Saint-Just (Oise) en 1745, inventa des signes en relief au moyen desquels on peut enseigner aux aveugles la lecture, le calcul, la musique, etc., et forma des établissements à Berlin et à Saint-Pétersbourg. Il mourut à Paris en 1822.

Son frère aîné, René-Just, né en 1742, mort comme lui en 1822, fut un savant minéralogiste. Il découvrit la loi des cristallisations moléculaires, et précisa la distinction de substances jusque-là confondues.

HIPPOCRATE.

Hippocrate, médecin grec, surnommé le père de la médecine, naquit dans l'île de Cos (mer Égée) 460 ans avant Jésus-Christ. Sa généalogie, par son père, remontait à Esculape. C'est le plus célèbre médecin des temps anciens, et beaucoup de ses préceptes font encore loi aujourd'hui. Il délivra Athènes d'une terrible épidémie, et se fixa dans cette ville après avoir voyagé dans toute la Grèce. Artaxerce, roi des Perses, lui fit de magnifiques propositions pour le déterminer à venir auprès de lui, mais il les refusa par patriotisme. Les Athéniens, en reconnaissance, lui prodiguèrent les plus grands honneurs et le firent entretenir toute sa vie aux frais de l'État. Il mourut vers 360 avant Jésus-Christ.

HOMÈRE.

Homère florissait près de 1000 ans avant l'ère
chrétienne. Ses poëmes immortels de *l'Iliade* et de
l'Odyssée sont la plus ancienne histoire des Grecs et
le tableau le plus vrai des mœurs antiques ; ils concou-
rurent puissamment à la civilisation du monde. Sa
poésie, vive, noble, pleine de force et d'harmonie, est
embellie par le coloris le plus brillant, et, comme l'a
dit Chénier, ce grand homme, après trois mille ans, est
jeune encore de gloire et d'immortalité.

HOWARD (john).

Howard John, philanthrope anglais, né à Hackney
en 1726. Il contribua par ses voyages et ses œuvres à
améliorer le sort des prisonniers ; grâce à lui, le ré-
gime des prisons d'Angleterre fut notablement adouci.
Ses compatriotes lui ont élevé un monument dans la
cathédrale de Saint-Paul. Howard mourut de la peste
en 1790 à Cherson en Crimée.

JACQUARD (JOSEPH-MARIE).

On ne peut trop appeler le respect et l'admiration sur la mémoire des hommes qui, doués d'une intelligence supérieure, ont eu pour but, dans leurs travaux, le soulagement de la classe ouvrière et le développement de l'industrie. C'est par le travail qu'un État se civilise et s'enrichit ; c'est en protégeant les classes laborieuses que les gouvernements se grandissent aux yeux de la postérité. On doit donc placer au premier rang des bienfaiteurs de l'humanité les hommes qui ont facilité les moyens de marcher dans cette voie.

Jacquard naquit à Lyon le 7 juillet 1752, d'une famille de fabricants d'étoffes. Il se livra, par vocation, à l'étude des arts mécaniques et inventa une machine à tisser, à l'aide de laquelle la fatigue de l'ouvrier est considérablement diminuée et qui permet de produire avec une très-grande rapidité. C'est à l'exposition de 1801 que cette machine, qui porte le nom de *Métier à la Jacquard*, parut pour la première fois. Elle opéra une grande révolution dans l'industrie ; elle a élevé les fabriques de tissus de Lyon au premier rang.

Jacquard mourut le 7 août 1834, âgé de quatre-gt-dix ans.

JACQUARD,
Né le 7 juillet 1752,
Mort le 7 août 1834.

JENNER (ÉDOUARD).

JENNER (Édouard), médecin et naturaliste anglais, né à Berkeley en 1749, a immortalisé son nom par la découverte de la vaccine, qu'il ne publia cependant qu'après vingt années d'observations. La reconnaissance publique répétera son nom d'âge en âge. Jenner est mort en 1823.

Avant la découverte de Jenner on pratiquait le système de l'inoculation, qui présentait de graves dangers. La méthode de ce docteur, qui consiste à prendre la matière produite par les pustules du pis de la vache, n'offre, au contraire, aucun inconvénient et préserve plus sûrement encore de cette terrible maladie. Dans les quelques campagnes où les paysans se refusent encore à laisser vacciner leurs enfants, les hommes sérieux et instruits ne sauraient faire trop d'efforts pour détruire le préjugé qui empêche les bons effets de cette découverte.

JOUFFROY D'ARBANS (CLAUDE-FRANÇOIS-DOROTHÉE DE).

Jouffroy d'Arbans (Claude-François-Dorothée de), né en Franche-Comté vers 1751, fut un habile ingénieur, qui partage avec Périer l'honneur d'avoir appliqué la vapeur à la navigation, d'après les principes qui avaient été posés par Papin, en 1695. Le pyroscaphe lancé sur la Saône en 1783 par Jouffroy avait 46 mètres de long sur 4ᵐ50 de large, et était mû par deux machines à vapeur. Il a été établi historiquement que l'Américain Fulton avait assisté à cette expérience, qui aurait eu sans doute des résultats complets si le marquis de Jouffroy n'avait pas émigré à la révolution. Après son départ, il ne fut pas donné suite à ses tentatives ; mais il faut dire à la gloire de Jouffroy que, tout émigré qu'il était, il refusa de révéler aux Anglais et d'exploiter chez eux le système fécond qu'il avait imaginé.

Quant à Fulton, qui, comme nous venons de le dire, n'est pas l'inventeur des bateaux à vapeur, l'historien intègre doit lui laisser la part de gloire qu'il mérite, en constatant que le bâtiment à vapeur qu'il lança à New-York en 1807 était beaucoup plus grand que celui de Jouffroy et était propre à des voyages de long cours. Jouffroy est mort aux Invalides en 1832.

KÉPLER (JEAN).

KÉPLER (Jean), astronome célèbre, né à Weil (Wurtemberg) en 1571, établit le système de Copernic sur des bases définitives, en assignant aux révolutions planétaires ces fameuses lois qui ont conservé son nom. C'est par elles que Newton parvint plus tard à ses immortelles lunettes télescopiques. De tous les ouvrages qu'il publia le plus célèbre est la *Physique céleste*. Il devina la rotation du soleil sur lui-même quinze ans avant que Galilée l'eût reconnue à l'aide du télescope, dont il avait encore augmenté la puissance. Képler est mort en 1630.

LA FONTAINE (JEAN).

LA FONTAINE (Jean), l'immortel fabuliste français, naquit à Château-Thierry en 1621. La lecture des classiques grecs et latins développa son talent. Sa vive reconnaissance pour l'intendant Fouquet, même après sa disgrâce, fait le plus grand honneur à son caractère. Sous le voile de l'apologue, La Fontaine a fait une piquante satire des vices de son temps et surtout des travers de l'espèce humaine, critique simple et naïve, d'un style souvent élevé par la nature même des pensées, et qui fournit au précepteur habile le plus utile cours de morale pour l'éducation des enfants. Toujours distrait ou préoccupé, La Fontaine a fourni matière à plus d'une anecdote plaisante. Il mourut en 1695. Il avait été fait membre de l'Académie le 2 mai 1684.

LANCASTER (JOSEPH).

LANCASTER (Joseph), fondateur de l'enseignement mutuel en Europe, né à Londres en **1778**, était fils d'un pauvre fabricant de tamis. Bien qu'on lui conteste le mérite d'avoir inventé la méthode qui porte son nom, il faut reconnaître au moins qu'il sut la populariser rapidement à force de zèle et de persévérance. Mais l'épuisement de ses ressources le contraignit à s'expatrier; il passa au Mexique, institua quelques écoles *lancastériennes*, puis se rendit aux États-Unis, où il mourut, dit-on, en **1838**, dans un état voisin de l'indigence.

LARREY (DOMINIQUE-JEAN).

LARREY (Dominique-Jean), chirurgien militaire, né à Beaudeau (Gascogne), en **1766**, entra au service en **1792**, prit part à toutes nos grandes expéditions, suivit Bonaparte en Égypte et déploya partout un dévouement et une activité sans bornes. Il a laissé de son nom un souvenir impérissable en créant pour l'armée le système des ambulances volantes, qui fournissent aux chirurgiens les moyens de porter leurs précieux secours aux blessés à l'instant même où ils viennent d'être frappés. Larrey mourut en 1843. « A la science, dit Napoléon, il joignait une rare vertu et une philanthropie effective ; c'est l'homme le plus vertueux que j'aie connu. »

LA SALLE (JEAN-BAPTISTE DE).

LA SALLE J.-B. de, né à Reims en 1651, grâce à une persévérance mise à de rudes épreuves, parvint à fonder, en 1680, l'institut des Frères des écoles chrétiennes, qu'il consacra uniquement à l'instruction primaire gratuite des enfants des classes nécessiteuses. Bientôt, protégées par toutes les âmes généreuses, les écoles chrétiennes prirent un accroissement considérable et améliorèrent grandement la condition des enfants du peuple. Aujourd'hui cette institution compte six cent douze établissements. Sans doute des écoles gratuites laïques se sont élevées depuis et rivalisent de zèle avec les écoles des frères ; mais l'impulsion première a été donnée par le **B. J.-B.** de la Salle, et le nom de ce digne prêtre doit être inscrit au nombre de ceux des bienfaiteurs de l'humanité.

LAVATER (GASPARD).

LAVATER naquit à Zurich (Suisse), le 15 novembre 1741. Lavater, que sa famille destinait à l'état ecclésiastique, reçut une instruction très-étendue. Peu de temps après sa sortie du collége, il publia un pamphlet très-vigoureux contre l'injustice, notoirement constatée, d'un bailli suisse. Menacé d'être arrêté pour ce livre, il se rendit à Berlin en 1763. En 1769, il rentra dans sa patrie, fut nommé diacre, puis premier pasteur de l'église Saint-Pierre de Zurich. Son livre intitulé *Essais physiognomoniques*, publié en 1775, fonda les principes d'une science toute nouvelle qui a donné naissance à la *phrénologie*. A la prise de Zurich par les Français en 1799, Lavater reçut une balle dans le bas-ventre, et il mourut de cette blessure quinze mois après, le 2 janvier 1801.

LAVOISIER.

LAVOISIER naquit à Paris en 1743. Il étudia l'astronomie avec Lacaille, la chimie avec Rouelle, la botanique avec Jussieu, et devint un des hommes les plus savants de son siècle. En 1763, n'ayant encore que vingt ans, il remporta le prix proposé par l'Académie sur un meilleur mode d'éclairage de la ville de Paris, et fut admis, cinq ans après, comme membre de l'Académie des sciences. L'industrie et l'agriculture lui doivent les plus utiles perfectionnements. Il démontra que la calcination des métaux est due à leur combinaison avec l'air, et que l'air, qu'on regardait jusqu'alors comme un élément, était composé d'oxygène, d'azote et d'acide carbonique. Il créa un système de nomenclature chimique qui aida beaucoup au progrès de la science. En 1794, il était fermier général des tabacs. Il fut accusé de déprédations ; condamné à mort avec vingt-huit de ses collègues, il périt sur l'échafaud le 8 mai 1794.

L'HOPITAL (MICHEL DE).

L'Hôpital (Michel de), homme d'État, né à Aigueperse (Auvergne) en 1505, fut successivement conseiller au parlement, ambassadeur au concile de Trente, surintendant des finances, puis chancelier de France en 1560. Prévoyant les projets de Catherine de Médicis, et ne voulant pas s'y associer, il se retira dans ses terres en 1568 et faillit être une des victimes de la Saint-Barthélemy. L'amère douleur que lui causèrent les atrocités commises au nom de la religion l'entraîna dans la tombe en 1572. D'un esprit droit et sage dans ses vues, l'Hôpital eût rendu les plus grands services à son pays s'il eût vécu dans un autre temps.

MONGE (GASPARD).

Monge Gaspard, mathématicien, né à Beaune en 1746, est l'un de ces savants sortis des rangs du peuple, et dont les efforts appliquèrent la science à l'utilité publique. Membre de l'Académie en 1780, il fut nommé ministre de la marine en 1792 et donna une grande impulsion aux travaux des ports. Il fut le principal fondateur de l'École polytechnique et inventa la géométrie descriptive.

Il avait fait partie de l'expédition scientifique en Égypte, et présida à la publication de ses résultats dans le bel ouvrage imprimé aux frais de l'État. C'est pendant cette expédition que Monge découvrit la cause du phénomène connu sous le nom de *mirage*.

Il fut fait sénateur à la création du sénat. En 1804, l'Empereur le créa comte de Péluse avec une dotation en Westphalie et un don de deux cent mille francs. Il mourut en 1816.

MONTGOLFIER (JOSEPH-MICHEL).

MONTGOLFIER (Joseph-Michel), né à Annonay en 1745, associé avec son frère Jacques-Étienne, s'occupa plus spécialement des sciences mécaniques. Il inventa le bélier hydraulique, instrument propre à élever l'eau à 25 mètres de hauteur, et une machine pneumatique pour raréfier l'air dans les moules des fabriques de papier. Son frère ayant eu l'idée de la création des aérostats, il l'aida de ses conseils dans tous les essais nécessaires, de même qu'il avait coopéré à divers procédés nouveaux de *papyrurgie*, tels que le *vélin*, etc.

La découverte des aérostats, qui n'est encore aujourd'hui qu'un objet de curiosité pour la foule des spectateurs, et de témérité périlleuse pour quelques esprits passionnés, cette découverte tiendra-t-elle enfin les promesses que chaque année voit naître et mourir? Nous devons l'espérer, après tant de gages que nous a donnés le génie de l'homme.

Joseph Montgolfier exécuta à Lyon, en 1784, son troisième voyage aérien dans un aérostat de 100 pieds de diamètre sur 128 de hauteur. Il inventa peu après les parachutes. En 1807, il fut nommé administrateur du Conservatoire des arts et métiers et membre de l'Institut. Il mourut le 26 janvier 1810.

MONTYON (ANTOINE-JEAN-BAPTISTE-ROBERT AUGET DE).

MONTYON (Antoine-Jean-Baptiste-Robert AUGET DE), fondateur d'institutions de bienfaisance, né à Paris en 1733. Doué d'un cœur excellent et possesseur d'une immense fortune, il en a consacré une grande partie à des récompenses annuelles, décernées au talent ou à la vertu, se conformant en cela à ce que dit l'Évangile : « C'est le devoir du riche de venir en aide à son frère qui est pauvre. » Montyon mourut en 1820.

NEWTON (ISAAC).

NEWTON (Isaac), célèbre géomètre anglais, l'un des plus grands génies dont s'honore l'humanité, naquit dans le Lincolnshire, le 25 décembre 1642. La plus brillante et la plus féconde de ses découvertes est sans contredit la loi de la gravitation ou pesanteur universelle, de laquelle dérivent toutes nos connaissances en mécanique céleste. Les travaux de Newton sont venus compléter et confirmer tout ce qu'avaient deviné ou esquissé déjà les Copernic, les Képler et les Galilée. Citons encore la formule algébrique connue sous le nom de *binôme de Newton*, et sa théorie de l'émission de la lumière, objet de tant de controverses, mais aussi sujet de tant d'expériences utiles et intéressantes. Les Anglais ont élevé à Newton, mort en **1727**, un tombeau magnifique dans l'abbaye de Westminster.

PALISSY (BERNARD).

PALISSY (Bernard), physicien, chimiste, sculpteur, économiste, né dans le diocèse d'Agen (Dordogne), vers l'an 1499. Quand on lit les ouvrages de ce génie infatigable, qui lutta plus de quinze ans contre l'adversité avant de donner à la France ces merveilleuses poteries dont il rêvait la création, on ne sait ce que l'on doit admirer le plus, de sa sublime persévérance, ou de la naïve bonté de son âme. Seul, sans ressources, harcelé par des tracasseries domestiques, honni par les médiocrités envieuses de son temps, Bernard poursuit invinciblement l'exploration de la science dont il entrevoit l'horizon dans sa radieuse intelligence. Bien loin d'ouvrir son âme aux vulgaires ressentiments, s'il écrit ses mémoires, s'il consigne minutieusement ses travaux, ses déceptions, ses espérances, c'est pour épargner à ses imitateurs de rudes et inutiles expériences : « C'est, dit-il au lecteur, afin que mon malheur te serve de bonheur, et que ma perte te serve de gain. »

Et qu'on ne s'y trompe pas, Palissy ne s'est point exposé à ces tribulations effroyables pour la vaine satisfaction d'une idée futile : tant d'énergie n'a pas été employée pour une folle difficulté vaincue. L'émail qu'il recherche, c'est un bien inconnu dont il a gratifié sa patrie, une industrie qui a rendu les autres nations longtemps tributaires de nos fabriques en ce genre. Il n'y a pas seulement à l'admirer pour la portée d'intelligence que la découverte suppose, il y a aussi à l'ho-

norer pour l'utilité de la découverte. C'est à Bernard Palissy, en un mot, que l'on doit la faïence et par suite la porcelaine française.

Mais là ne se borne pas l'admiration que commande le caractère du grand Bernard Palissy. Selon lui, le talent que la nature a donné à ses privilégiés, ils en doivent compte à la société. « C'est chose juste et raisonnable, dit-il, que chacun s'efforce de multiplier les dons qu'il a reçus de Dieu : par quoi je me suis efforcé de mettre en lumière les choses qu'il a plu à Dieu me faire entendre, afin de profiter à la postérité. »

A cette époque de discordes intestines, où la religion servit souvent de prétexte à la politique, Palissy, qui était protestant, fut arrêté par ordre des Seize et jeté à la Bastille. Le duc de Mayenne, impuissant à le sauver, voulut du moins retarder l'instruction de son procès ; et vers 1589 Palissy expira dans sa prison. Il avait près de quatre-vingt-dix ans.

PAPIN (DENIS).

Papin (Denis), physicien et mécanicien, né à Blois vers le milieu du XVII° siècle, doit être à bon droit considéré comme le véritable inventeur des principes essentiels de la machine à vapeur telle qu'on l'emploie aujourd'hui. Nous trouvons dans un ouvrage remarquable, à l'article *Papin*, le résumé suivant : « En 1690, Papin décrivit, dans les *Actes de Leipsig*, une machine à piston montant et descendant alternativement dans un cylindre, par l'expansion et la condensation successive de la vapeur.... Avant 1710, il avait imaginé la première machine à vapeur à haute pression et son condensateur, et le robinet à quatre voies, qui joue un rôle capital dans plusieurs combinaisons mécaniques. En 1682, il avait inventé son *digesteur*, si précieux pour l'industrie, et la soupape de sûreté, l'une des parties les plus importantes des appareils à vapeur. » Appelé en Allemagne, où il occupa la chaire de mathématiques à l'université de Marbourg, Papin mourut en 1710.

La vapeur est devenue une des plus grandes forces dont l'homme puisse disposer. Appliquée à l'industrie, elle sert à faire manœuvrer des machines qui produisent, presque sans fatigue pour l'ouvrier, d'immenses résultats. Appliquée à la locomotion, elle aplanit les obstacles que présentaient les distances.

PARÉ (AMBROISE).

PARÉ (Ambroise), né près de Laval vers 1509, ne fut pas seulement un chirurgien d'une rare habileté, d'une science profonde, fécond en ressources et inventeur d'une foule de procédés opératoires que la science médicale pratique encore aujourd'hui; Paré fut encore un homme de bien, dévoué, modeste, infatigable au soulagement des douleurs humaines. Ambroise Paré fut médecin de Henri II et de ses successeurs. Il était protestant, mais sa grande renommée lui sauva la vie dans l'horrible nuit de la Saint-Barthélemy. « Charles IX, dit Brantôme, envoya quérir maître Ambroise Paré, et le retint dans sa chambre et garde-robe, disant qu'il n'étoit raisonnable qu'un qui pouvoit servir à tout un petit monde fust ainsi massacré. »

Paré mourut à Paris, le 20 décembre 1590. Son buste orne la salle des séances de l'Académie de médecine; l'artiste David d'Angers, n'a point oublié d'y joindre la touchante devise de l'immortel Paré : « Je le pansay, Dieu le guarit. »

PARMENTIER (Antoine-Augustin).

Parmentier (Antoine-Augustin), agronome et philanthrope infatigable, naquit à Montdidier en **1737**. Pharmacien d'abord dans les hôpitaux civils et ensuite dans les hôpitaux militaires, il donna, au milieu d'une épidémie qui décimait l'armée, des preuves sans nombre d'une courageuse humanité. L'Académie de Besançon ayant demandé quelles étaient les substances alimentaires capables d'atténuer les calamités d'une disette, Parmentier démontra que c'était la pomme de terre. Turgot l'avait pressenti, mais n'avait pu populariser la culture de ce précieux tubercule. Cette gloire était réservée à Parmentier, qui apporta en outre des réformes importantes dans la boulangerie militaire. Uniquement occupé de l'amélioration du sort des classes pauvres, il a traité savamment toutes les questions alimentaires. Son désintéressement égalait son amour de l'humanité. Parmentier est mort en **1813**.

Les travaux de cet illustre philanthrope ont eu un

immense résultat. Ils ont fait comprendre l'importance de l'agriculture et ont contribué à placer cet art au rang qu'il mérite d'occuper. Grâce à cette impulsion, l'existence des habitants des campagnes a été grandement améliorée.

PATRU (OLIVIER).

PATRU (Olivier), l'une des gloires du barreau français, *l'avocat des pauvres*, né en 1604 à Paris, fut aussi un littérateur distingué pour qui les portes de l'Académie s'ouvrirent fort à propos, puisque sa voix dut y plaider plus tard la cause du grand Corneille, mis en balance avec un financier. Patru a laissé de son caractère le plus digne souvenir. Quand d'autres près de lui acceptaient sans choix toute cause à défendre, Patru se faisait d'abord juge avant de se faire avocat ; son intérêt ne l'occupait guère : il plaidait non pas pour de l'argent, mais pour l'amour de la vérité. Aussi le délabrement de ses affaires en vint-il à ce point qu'il dut vendre sa bibliothèque pour satisfaire d'avides créanciers. Boileau eut la générosité de lui en compter le prix, mais de lui en laisser l'usage. Patru est mort en 1681, avec la réputation d'orateur éclatant, d'écrivain habile et surtout de citoyen intègre et dévoué.

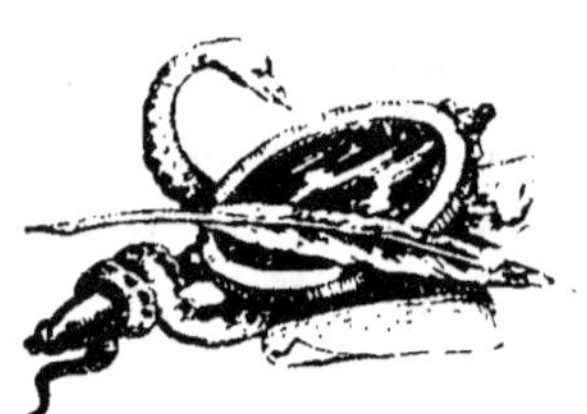

PÉRIER (JACQUES-CONSTANTIN).

Périer (Jacques-Constantin), habile mécanicien, né à Paris le 2 novembre 1742, a doublement droit à la reconnaissance publique pour les utiles travaux qu'il accomplit à deux époques graves de notre histoire contemporaine. Depuis dix ans déjà il avait établi à Chaillot la puissante *pompe à feu* dont les eaux alimentent une partie de la capitale, lorsque la disette de 1789, conséquence de l'hiver précédent, contraignit le pouvoir royal à recourir aux procédés mécaniques qu'il aviat précédemment dédaignés pour la mouture des grains. Telle fut l'origine des nombreux appareils de meunier que Périer construisit, et dont l'esprit cupide de certains concurrents paralysa l'action bienfaisante. Il travailla le premier à chercher les moyens d'appliquer mécaniquement la vapeur à la navigation.

Cinq ans après, la France républicaine avait sur les bras la coalition des rois de l'Europe. De ses ateliers de Chaillot Périer fait un immense arsenal ; en quelques mois douze cents pièces de canon, des milliers de pierriers, d'affûts, de caissons, sortant de ses mains comme par enchantement, vont border nos frontières et garnir nos batteries de marine.

L'industrie doit à Périer plusieurs de ses meilleures

inventions ; nous citerons les cylindres à papier et les machines à filer le coton. Le discrédit où tombèrent les assignats avait réduit de beaucoup la fortune de Périer. Il mourut en 1818, après cinquante ans des plus utiles travaux.

RÉAUMUR (René-Antoine Ferchault de).

Réaumur (René-Antoine Ferchault de, physicien, naturaliste, né à la Rochelle, en 1683, est l'auteur du premier système réformé de botanique. C'est lui qui trouva le moyen d'adoucir le fer fondu et de convertir le fer forgé en acier. Il contribua puissamment à l'établissement en France des manufactures de fer-blanc et de porcelaine. Enfin, et pour immortaliser son nom, il inventa le thermomètre, dont l'utilité est de tous les temps et de tous les lieux. Il a laissé une *Histoire naturelle des insectes*. Réaumur est mort en 1757.

RIQUET.

Riquet de Bonrepos (Pierre-Paul), ingénieur célèbre, naquit à Béziers en 1604. Il descendait d'une famille de Florence établie en Provence depuis 1268. Il forma et exécuta l'utile projet du canal du Languedoc. Il touchait au moment de terminer cette belle opération, lorsqu'il mourut à Toulouse en 1680. Riquet Jean-Mathias, son fils aîné, président à mortier du parlement de Provence, eut la gloire de terminer ce canal en 1681. Le canal de Languedoc a environ 200 lieues, sa largeur est de 10 mètres à fond et de 20 à la surface ; la profondeur est de 2 mètres. Il fait communiquer l'Océan avec la Méditerranée, commençant à la Garonne au-dessus de Toulouse, et finissant à l'étang de Thau près d'Agde.

SOCRATE.

Socrate, philosophe grec, né à Athènes vers l'an 470 avant Jésus-Christ, ouvre une époque nouvelle dans l'histoire de la philosophie. Toutes les écoles émanent de la sienne. Antagoniste déclaré de la sophistique, il regardait comme inutile toute science qui dépasse le domaine de la conscience et n'a pas pour unique objet la perfection morale de l'homme. Le premier, il posa les bases du droit naturel. Sa vie entière fut consacrée à la pratique du bien et du juste, qu'il enseignait à de nombreux disciples. Instituteur des hommes, soldat intrépide, magistrat incorruptible, il donna le plus rare exemple de toutes les vertus civiques et privées. Les corrompus et les traîtres, trouvant en lui un obstacle inébranlable, soudoyèrent contre Socrate de lâches accusateurs. Dans son ignorance, le peuple ne sut pas défendre son noble précepteur, et Socrate, buvant la ciguë, légua aux siècles à venir une grande leçon sur l'aveuglement populaire.

Le calme de ses derniers moments a fourni le sujet de plus d'une œuvre remarquable. On fait remonter sa mort à l'an 400 avant notre ère.

SULLY (MAXIMILIEN DE BÉTHUNE DE).

SULLY (Maximilien DE BÉTHUNE DE), né à Rosny en 1560, a laissé une renommée de magistrat intègre et d'habile financier. Au temps de Henri IV, les agents des finances de tout étage avaient mis la France en coupe réglée ; Sully, nommé surintendant des finances en 1597, réprima les abus et introduisit des règlements dont il exigea avec fermeté l'exécution. Mais le mérite de Sully ne consista pas seulement à réduire les dépenses, à régler la perception des recettes, à remettre sur un pied formidable nos forteresses démantelées, notre artillerie, notre marine négligées ; il comprit que l'agriculture est le principe de la richesse du pays et du bien-être pour les classes laborieuses. Il s'occupa activement d'encourager le développement des cultures de toute nature ; c'est à lui qu'on doit l'extension donnée à la culture du mûrier qui est devenue d'une importance de premier ordre dans l'industrie française.

Peu après la mort de Henri IV, Sully se retira des affaires ; il mourut le 21 décembre 1641, à l'âge de quatre-vingt-un ans.

TELL (GUILLAUME).

GUILLAUME TELL, l'un des chefs les plus illustres de la révolution suisse de 1307, était né dans le canton d'Uri. Il fut condamné à mort pour avoir refusé de saluer un chapeau que Gessler, gouverneur de la Suisse pour l'empereur Albert, avait fait placer au haut d'un poteau sur la place publique d'Alterf. Le bateau sur lequel Gessler le faisait conduire au château de Kusnecht était arrivé à la hauteur de Grutli, quand une violente tempête éclata. Les soldats autrichiens furent obligés de confier le gouvernail à Guillaume Tell qui, étant débarrassé de ses liens, conduisit la barque jusqu'à une certaine distance du rivage, et, s'étant alors jeté à la nage, échappa à ses ennemis. Le même jour, Guillaume Tell tua Gessler d'un coup de flèche ; ce fut le signal de la révolution qui amena l'indépendance de la Suisse. Guillaume Tell mourut en 1354.

TORRICELLI (EVANGELISTA).

TORRICELLI (Evangelista), physicien et géomètre italien, né en 1608. Parmi les nombreuses découvertes que lui doit la science, il faut citer : 1° l'invention du baromètre, que plus tard Pascal compléta par ses belles expériences ; 2° la loi de l'écoulement des liquides par un étroit orifice. Il avait étudié sous l'illustre Galilée. Torricelli est mort en 1647.

TURGOT (ANNE-ROBERT-JACQUES).

Fils de Michel-Étienne, prévôt des marchands, Anne-Robert-Jacques Turgot naquit à Paris en 1727. Ses premières études furent dirigées vers l'état ecclésiastique, mais sa vocation réelle l'entraîna bientôt au barreau. Doué d'un esprit droit et analysateur, il écrivit quelques articles dans la grande Encyclopédie, et se lia d'amitié avec Diderot, d'Alembert et tous les penseurs de son époque.

Depuis longtemps déjà il s'occupait d'économie politique quand il fut appelé à l'intendance du Limousin. Faute de voies de communication, cette province languissait sans vie et sans commerce. Turgot, en ouvrant des canaux bien distribués et des routes nombreuses, lui donna la richesse ; il fonda les premiers ateliers de charité, et remplaça par une taxe en argent, imposée à tous, la corvée qui jusque-là pesait seulement sur quelques-uns.

Turgot fut successivement ministre de la marine et contrôleur général des finances. Il introduisit dans l'administration du royaume une foule de réformes utiles, notamment la réduction des droits d'entrée sur les denrées de première nécessité.

Turgot mourut en 1781, regretté de tous ceux qui pressentaient l'avenir.

VESALE (ANDRÉ).

VESALE (André), médecin, né à Bruxelles le 31 décembre 1514, est le fondateur de l'anatomie, dont les principes, oubliés ou mal interprétés depuis le temps où Galien l'avait enseignée, ne présentait plus qu'obscurité et chaos. Nous n'avons pas besoin de faire ressortir tout ce que la chirurgie et l'histoire naturelle ont gagné à cette science nouvelle. Disons seulement que, pour la créer, Vesale brava mille dangers, les contagions, les préjugés, les persécutions même. L'envie et l'ignorance conjurées obtinrent contre lui une condamnation à l'exil. Vesale périt dans une tempête qui engloutit, le 15 octobre 1564, le navire sur lequel il revenait de faire un pèlerinage à Jérusalem.

VINCENT DE PAUL (SAINT).

Saint VINCENT DE PAUL, né au Puy, en Guyenne, près de Dax, en 1576, mort en 1660, est le plus grand homme de son siècle, et peut-être de toute la chrétienté. Sa vie entière fut consacrée à secourir les malheureux.

Saint Vincent fit ses humanités à Dax, et après avoir commencé ses études religieuses à Toulouse, il les termina à Saragosse. Peu de temps après avoir reçu les ordres et le titre de docteur en théologie, il fut pris dans un voyage par des pirates musulmans qui l'emmenèrent esclave en Afrique. Il fut vendu à un renégat qui le traita d'abord durement. Mais l'éloquence de saint Vincent fut si grande qu'il ramena ce chrétien égaré aux vrais sentiments de la foi, et revint en France avec lui. A son retour il gouverna la prison de Clichy, puis celle de Châtillon. Nommé par le roi aumônier des galères, il se fit remarquer par sa grande charité.

Le premier hospice pour les enfants trouvés fondé par saint Vincent de Paul date de 1648. On sait qu'avant cette époque on exposait les enfants sur les places publiques ou aux portes des églises. Une grande partie mouraient de froid et de faim ; les autres étaient recueillis par des âmes charitables ou par des spéculateurs qui ensuite les vendaient.

Saint Vincent n'avait point de fortune, et cependant il a fondé un grand nombre d'établissements utiles. On doit à son active charité l'institution des Lazaristes et celle des Sœurs de charité, les hôpitaux de Bicêtre, de la Salpêtrière et de la Pitié, à Paris ; celui de Marseille pour les forçats, de Sainte-Reine pour les pèlerins, et enfin celui de Jésus pour les vieillards.

Saint Vincent de Paul a été canonisé par Clément XIV en 1737.

VOLTA (AUGUSTE).

VOLTA (Auguste), physicien, né à Côme en 1745, est l'inventeur du plus merveilleux instrument créé par le génie de l'homme. La *pile de Volta*, ou appareil électro-moteur, est aujourd'hui la sibylle à laquelle la

SAINT VINCENT DE PAUL.

Né en 1576.

Mort en 1660.

Canonisé en 1737.

physique, la chimie, l'industrie même vont demander soit les secrets de la nature, soit les merveilles de la civilisation. On doit en outre à Volta la lampe à gaz inflammable, l'électrophore, le condensateur électrique, etc., etc. Il est mort en 1826.

WASHINGTON (GEORGES).

Washington (Georges), fondateur de la liberté des États-Unis, était né en 1732, dans la province de Virginie. Nommé général en chef par ses compatriotes soulevés contre l'Angleterre, il triompha de la mauvaise fortune, de la faiblesse des républicains, des embûches de la trahison et des assauts de l'ambition. Deux fois il fut porté d'enthousiasme à la tête de la république.

En 1799, Washington, qui avait résigné le pouvoir deux ans auparavant, mourut regretté de tous, et l'Amérique reconnaissante célèbre tous les ans sa mémoire au milieu des fêtes de l'indépendance nationale.

WATT (JAMES).

Né à Greenoch (Angleterre) en 1736, James Watt
était de famille pauvre ; son génie et l'heureux hasard qui l'avait fait contemporain d'un spéculateur
intelligent le poussèrent vers l'opulence. A peine
avait-il 22 ans que déjà l'université de Londres le
nommait son fabricant d'instruments de physique.
En 1763, frappé des imperfections du système de Sa-
very et Newcommon, appliqué à la puissance élastique
de la vapeur, il trouva le condensateur, dont Papin,
de son côté, avait eu l'idée en 1710. Successivement, il
inventa le compteur et le régulateur, assujettit le piston à des lois mathématiques, enfin réalisa le mouve·
ment rotatoire continu. C'est ainsi que l'Angleterre vit
la pompe à feu se transformer en véritable machine à
vapeur. Les premières applications des découvertes de
Watt furent faites dans les mines du comté de Cor-
nouailles ; leur succès fut prodigieux. Avant lui l'élas-

ticité de la vapeur était plutôt un obstacle qu'un moyen : Watt devina les effets de cette cause négligée; toutes les modifications, tous les perfectionnements apportés depuis dans l'exécution de nos puissantes machines ont leur source dans les principes que Watt a définis ou entrevus. Il est mort dans les environs de Birmingham en 1820.

TABLE

DES MATIÈRES.

—

FIN DE LA TABLE.